« Jusqu'au bout de rien »

« Jusqu'au bout de rien »

Édition : BoD-Books on Demand
12-14 rond-point des Champs-Élysées, 75008 Paris
Impression : BoD - Books on Demand, Norderstedt, Allemagne

Illustration : Orson.io

ISBN : 978-2-3224-0667-8
Dépôt légal : Avril 2022

"Variations en solitude bémol majeur" suivies de "sonatine au bonheur"

Tempo allegretto !

Ouragan au loin. Petite brise rafraîchissante et ciel gris Breton.

A quelque heures de route, un ailleurs, découvert loin d'ici, à qualifier de lieu de sérénité affirmée, sérénité et oubli sur l'instant.

Si le temps doit s'arrêter c'est bien ici qu'il stoppe net sa course.

Ouragan ici, là-bas, partout rien ne change ici ou là, l'angoisse monte et les larmes
affluent.

J'ai beau regarder autour de moi, rien n'y fait, comme perdue dans un lieu avide de sentiments, brisé d'un amour solitaire. J'en ai des laissés pour compte, les oubliés qui m'avait pleinement aimée. Peut-être un peu trop pour ainsi m'effrayer.

Mais c'est ailleurs que se profile le bonheur, quelque part, sous un ciel pollué, avec un tas de ressentis et d'bagnoles abandonnées. Vestiges d'un sourire, vertige au-dessus du vide que génère cette entreprise malheureuse qu'est l'Amour.

Tout se finit un jour et ce jour est arrivé et, seule devant ma feuille, je me calme peu à peu, admire le paysage d'Ouest, soupire et acceptant la fin de chaque moment, je reprends les mots du géniteur, dans mes lointains souvenirs infantiles: "toutes les bonnes choses ont une fin et il y a un temps pour tout, un temps pour aimer, pour dormir, un temps pour haïr, pour voyager, un temps pour bâtir..."

Tout cela me laisse songeuse mais ce soir j'abandonne les décrépitations cérébrales et je vous laisse face à ces quelques lignes encore bien maussades.

Je m'en vais sourire à l'existence et aux petits bouts d'jours vécus, bientôt révolus.

S'il faut vivre l'instant, dans le fond rien est bien douloureux.

L'égoïste

Quand on arrive au pied du mur, devant le Pire

On abandonne, lassés, enlacés en vain

Et là j'avoue, je n'avais plus la force de te retenir

D'autant que tu n'as pas attrapé ma main.

Alors, petit prince que te dire ?

Tu laisses quelque chose, à détourner ton regard du mien

Et moi, blessée je te laisse ton si joli sourire

L'art de se perdre dans les méandres de nos souvenirs

Alors qu'on pourrait reconstruire l'avenir.

Tes yeux se remplissent de larmes

Et face à ton indifférence, je n'ai aucune arme

Si tu voulais qu'on écrive un drame

Tu t'es trompé, choisis une autre femme.

Je ne demandais rien d'autre qu'une paix partagée

Parce que j'entrouvrais la porte de mon bulbe calciné

Je n'en voulais que pour ton bonheur du début à la fin.

Tiens, pardonne-moi, tu t'es oublié en t'admirant ce matin.

Je voulais simplement que l'orage s'arrête,

Que la pluie lave tes penchants malhonnêtes

Je voulais seulement t'enseigner au travers ta quête

Que l'humilité, tu devras la garder dans un coin de ta tête.

Mais je me tais, au risque de te froisser

Ma présence semble surfaite et désolée

Est-ce une bataille pour savoir qui blessera plus vite l'autre ?

J'ai l'insidieuse impression que tu prends nos rapports comme tels, tu es en faute.

Je suis déçue, mieux vaut que cela ait eu une fin.

Celui que j'ai cru plus avancé sur un chemin

N'est qu'un pâle et arrogant dessin

D'un homme auprès de qui je n'ai plus de dessein.

Du futur au passé.

Elle est allée imprimer quelques feuilles hier soir,

Et il y avait leurs deux noms inscrits sur le comptoir…

Ceux qu'elle avait écrit, avec une main tremblante d'euphorie

En souriant comme une petite fille pleine de vie.

Elle se souvient de la dernière fois où, plein d'attention

Il l'accompagnée faire naître des partitions…

Il y a son regard qui persiste au fond de sa mémoire,

Il y a son sourire quand glissent ses mains sur les touches blanches et noires.

De la promiscuité au dépeuplement.

Résidus pétroliers jonchant le sol,

Odeur de sueur éparse sur mes draps,

Cendrier plein des effluves nocturnes,

Corps encore qui fait corps avec l'aurore,

Les tempes battantes d'une tension passionnelle,

La fraîcheur embrassant ma peau, me rapellant à l'instant.

La profondeur emplie d'un petit charme grelottant.

La plénitude lorsque tu ondules au rythme de ma folie.

L'aliénation quand ton déhanchement se fait brutal.

Bien que passager de mes nuits, tu souffrira mon ami.

J'ai beau nier l'évidence en l'apercevant,

L'horreur se lit déjà au fond de ton regard enflammé.

La dépendance à nos exaltations vient ternir ton si joli sourire

Pardonne-moi si je ne sais arrêter la course effrénée

De nos désirs inavoués puis ensemble assouvis...

J'ai avancé sur le chemin, des êtres je n'attends plus rien.

Je vais, je cours, je ne viens plus et bientôt disparaîtrai de tes bras.

Mais j'espère que ces quelques lignes te réconcilieront

Avec l'absence de nos lendemains.

Tôt ou tard

Je crois que bien que malgré les vingt huit ans qui nous séparent,

A force de croiser le trouble dans l'azur de ton regard,

Je finirai par poser un timide baiser sur tes lèvres,

En me hissant sur la pointe de mes pieds de petite fille en fièvre.

Et lorsque je me souviens de toutes ces choses que tu as dites,

Je sais combien j'ai grandi trop vite...

Sans rémission

En premier lieu,

j'adresse ces modestes lignes au monde

et à la triste vision que j'en ai.

Dans un second temps à un homme que j'ai connu.

La pluie ruisselle sur un ciel ensoleillé

Je songe aux temps cléments du mois d'août

Dans mon coeur survivent les arbres aux feuillage teintés d'un limpide vert

Ils s'épanouissent à mesure que grandissent les voûtes

Dont les humains prétendent que la nature en est la mère

De cet enfer industriel, je tente de m'évader, mais mes avions ne sont qu'en

[papier.

J'attends alors que blondissent les frêles blés

L'utopie et mes rêves de liberté m'ont laissée au bord de la route

L'été brûlant me calcinera la cafetière

L'aspiration à l'harmonie remplace donc les doutes

J'aperçois au travers d'écran des images de guerre

J'ai vu les humains, mais pas l'humanité.

Petite pute

De ces chaînes qui t'emprisonnent, l'air hagard

Tu te libère peu à peu, déjà tu grognes

Semblerait qu'il soit trop tard.

Tes souvenirs, tels des boîtes gigognes

T'es foutue ce soir à la gare Saint-Lazare

Tu dégringole lentement et d'un air laconique, abandonne

Ton corps, ton honneur, ta vie tu les donnes

Sur un trottoir, dans une voiture, sur un tapis, dans les bars.

Et cette nuit, la pluie trempe ton visage, l'orage tonne

Vaincue par ce mal entré insidieusement entré en Toi

Ce soir encore, tu dormiras sur les toits

A moins qu'un mec s'arrête près de toi et te dise que tu es bonne.

De l'amant au tourment

L'Aube se lève, claire et rayonnante,

A nos souffrances, toujours indifférente

Pourrais-je demain encore

Lire dans votre regard, la passion de nos corps ?

Bien que je le sache, tout est vain

Mais verrons-nous ensemble mon Amie, une autre fin ?

Le soleil luit bien haut et notre idylle finalement sonne faux

Quand je me retournerai, cherchant dans vos yeux, l'or

Ma vieille enfant, serez-vous là encore ?

Laisserez-vous une ultime fois mes mains, effleurer votre vieux corps ?

Le clair de lune est apparu, notre amour fatiguant

Hier encore, jeunes et souriants, nous avions vingt ans,

Et qu'il m'en souvienne, belle dame aux jours rougies de nos ébats

Je peux encore frémir de votre sourire, bien que j'en sois las.

Ô temps, oublie-nous un instant!

Et déjà sonne le glas, cruel et impatient

Je vous revois amie de mon âme… Nous n'avons pas eu le temps

Si lointaine est votre image dans mon pauvre esprit

Mon amour, ma muse, à l'appel de la mort vous voilà partie

Et je ressens au crépuscule, une flamme,

Celle des années d'espoir vaines, pleines de peine.

La fin se dessine, et pourtant le sang jaillit encore dans mes veines

Au fond de ma poitrine, embué par les larmes s'est tramé un drame

Celui de me savoir seul, sans vous pour finir cette vie.

Le solitaire

A Toi, clochard errant rue de Rome

Dans un sac, de modestes affaires

Déçu par ses pères, délaissé par ses pairs

Le postérieur à l'air, usant du langage vair

Accompagné de sa canette de bière, quelques tessons de verre

Les passants lui jettent des pierres, il repense à l guerre

Hurlant, visage contre terre, les gens lui demande de se taire

On l'a retrouvé, mort de froid, un soir par terre,

Dans la ligne D du rer…

L'enfant

Perfide, sifflant entre ses dents

Putride, suppurant d'un trou béant.

Avide, transpirant l'air brûlant

Chrysalide, déchirant son corps en rien de temps

Rapide, envolés les rêves de maman

Rides cachées derrière le paravent.

Sylphide, grandissant au creux de son être de vent

Brides, vieillissante, elle a fait son temps.

Tuons maman !

L'Eldorado

Oeil alerte. Regard étincelant

Pas bondissant ? Dégaine de bête

Animal brutal. Innocent enfant

Couché sur le flanc. Toujours explorant

Air léger. Sourire béat

il ne fait que passer. Lui s'en va là-bas.

Combat

Tu persistes, redoublante d'efforts,

Tentes maintes fois de me terrasser

M'abrutit de coups que tu assènes sans relâche

Insiste en oppressant mon crâne

Ne me laissant jamais une trêve.

Parfois tu gagnes, je me recroqueville,

En larmes, prêt à céder à tes caprices

Vilaine petite fille au visage d'ange,

En apparence si douce et inoffensive

Ce soir, je m'abandonne à Toi,

Prends-moi, détestable et brutale douleur.

Philophage

De ton odeur enfumée, je respire l'âcreté,

De ta peau au goût salé, je me délecte amèrement

De tes mains craquelées, je griffe ma peau, violemment

De tes lèvres gercées, je baise mes joues, doucement

De ton regard embué, je peins la tristesse, âprement,

De ton nez mal placé je ris, moqueuse et désoeuvrée

De tes oreilles démesurées, j'entends les sons, saccadés

De ta sale gueule déformée, de tes os anguleux, brisée

Je me nourris, chaque jour et…

Ainsi subsiste, au fond d'un sombre pré.

Liberté

Demain encore, l'aube vivra

Après-demain de nouveau le crépuscule restera

Demain, toujours, la brise soufflera

Après-demain, perpétuel, l'oiseau sifflera

Demain, sur mon cœur la peine s'abattra

Après-demain, dès l'heure où tu disparaîtras.

Tétanise

Continue, agréable et fragile chaleur

Ta danse si enivrante, tant rassurante

Viens en mon sein, apaiser mes peurs

J'évoque ici les pires, celles qui me hantent

Celles qui paralysent malgré les leurres,

Dès l'instant où elles traversent la fente.

Déjà craignant que passent les heures,

Je te perds, belle ondée apaisante

Et enfin voici la descente.

1915

Admirant les reflets nacrés du tissu

Elle se complaît dans son mirage.

Pensive, rêvant d'autres ères,

Elle se perd doucement parmi les âges.

Éreintée par les heures de labeur en continu

Elle tente vainement, assise derrière son ouvrage

Confectionnant les uniformes, son front en nage,

D'oublier la guerre qui fait rage.

Chute sensorielle

Une lueur au loin dans la nuit

Brillent deux yeux dans la pénombre

Des petits carrés blancs s'esquissent…

Une caméra s'approche lentement

Une rangé de dents carnassières se dévoile,

Deux globes bleuâtres apparaissent.

Et un homme tombe

Une fontaine dorée dégouline en flots.

Une porte claque dans un tonnerre effroyable,

Une femme accourt, hystérique, effondrée

Elle avance sur la place, la caméra recule

Les arbres ressemblant à des monstres hybrides

Elle s'agenouille…

Et un homme tombe

Virevolte un parfum épicé

Émane un nuage d'odeurs âcres

Se dégage des toits une épaisse fumée

Un enfant survient, perdu et fatigué

Méthodiquement, il regarde autour de lui,

La caméra le suit, il s'assoit sur le sol poussiéreux

Et un homme tombe

Cicatrices

Lassitude. Jalousie

Peurs. Persuasions

Regards. Suspicions

Refus. Viol

Tristesse. Supériorité

Chute. Tribunal

Audition. Verdict

Plainte. Incarcération

Soulagement. Colère.

Regrets. Sortie

Retour. Reprise

Bonheur. Vendetta

Redescente. Remontée

Larmes. Ondée de violence

Douleurs. Dureté

Retombée. Carreaux.

Carrelage. Marteau à la main.

Le long du mur. Regards noirs

Glisse. Frisson parcourant l'échine

Tympans explosés. Vient le chant des sirènes

Chambre blanche. Sale pute

Perfusion. Odeur de pisse

Seringues. Soumission

Traumatisme. Agressions.

Souffrance. Autodestruction

Hémorragie. Suicide

Mort. Mort

Cauchemar dans l'au-delà.

Je voudrai rentrer à la maison maintenant,

Je crains, je crois que j'perds mon temps.

Je voudrai cesser de pleurer chaque matin

Quand je sens que le souvenir de vos regards devient lointain

Certains souvenirs laissent d'indélébiles traces

Ce n'est pas que j'me voile la face

Mais ces traces sont devenues tellement coriaces

Que pour que je les efface, faudrait j'envoie toute une vie à la casse.

Mais je n'ai pas d'armes pour sécher les larmes dégoulinant sur ma face

J'ai bien avancé, mais je n'ai pas de sauté de classes…